Du même auteur

Bandes dessinées

Fraude électrique, Ovale, 1984. (En collaboration avec François Benoit.)

Le Cloître de New York, Ovale 1986. (En collaboration avec François Benoit.)

Je sens qu'on me regarde, Kami-Case, 1987.

Les Momie's, Kami-Case, 1988. (En collaboration avec Philippe Chauveau.)

Gardez l'antenne, Éditions Pierre Tisseyre, 1993.

Romans et albums pour la jeunesse

La B.D. donne des boutons, Boréal, 1991.

Le Voleur de voix, Éditions Pierre Tisseyre, 1991.

Les Tracteurs sauvages, Éditions Pierre Tisseyre, 1992.

Le Léopard à la peau de banane, Boréal, 1993.

Monsieur noir et blanc, D. V. Éditeur, 1993.

Où est mon casse-tête ?, D. V. Éditeur, 1993.

Roberval Kid et la ruée vers l'art, Éditions Pierre Tisseyre, 1993.

Le drôle de Noël de Roberval Kid, Éditions Pierre Tisseyre, 1994.

Mon chien est un éléphant, Annick Press, 1994. (En collaboration avec Pierre Pratt.)

RÉMY SIMARD

LE PÈRE NOËL A UNE CREVAISON

KAMI CASE

Au petit Anglais
qui aurait pu se reconnaître.

Les Éditions Kami-Case sont inscrites au Programme
de subvention globale du Conseil des Arts du Canada.

L'auteur tient à remercier le ministère des Affaires culturelles
pour l'appui apporté à la réalisation de ce projet.

Diffusion au Canada : Dimedia
Diffusion en Europe : Les Éditions du Seuil

Données de catalogue avant publication (Canada)
Simard, Rémy
Le père Noël a une crevaison

Bandes dessinées
Pour les jeunes.
ISBN 2-9801105-7-4
I. Titre
PN6734.P47S55 1994   j741.5'971   C94-941204-X

©Les Éditions Kami-Case
4447, rue Saint-Denis
Montréal (Québec) H2J 2L2

Dépôt légal : 4e trimestre 1994
Bibliothèque nationale du Québec

- IL ÉTAIT UNE FOIS...

SUR CETTE PHOTO, NOUS SOMMES DEVANT LE MUR DES LAMENTATIONS.

FABULEUX! C'EST TELLEMENT... TELLEMENT...

...MYSTIQUE!

MYSTIQUE! TOUT DE SUITE LES GRANDS MOTS. QU'EST-CE QU'IL Y A DE MYSTIQUE DANS UN MUR DE PIERRE?

ROGER, TU NE COMPRENDS JAMAIS RIEN...

REGARDEZ CETTE PHOTO!

4

AU PÈRE NOËL ! TU PARLES ! IL FAUT JUSTEMENT QUE L'HOMME DEVIENNE ADULTE ET CESSE DE CROIRE À CES CONNERIES. IL NOUS FAUT DES PROJETS DE SOCIÉTÉ LUCIDES...

TU DIS N'IMPORTE QUOI ! LES PROJETS DE SOCIÉTÉ M'EMMERDENT ET LAISSE-MOI TE DIRE QUE LE PÈRE NOËL N'EST PAS UNE CONNERIE !!!

ALLONS DONC ! DEPUIS QUAND CROIS-TU AU PÈRE NOËL ?

DEPUIS QUE JE LUI AI VENDU UNE DEUX CHEVAUX !

5

MON GARÇON, J'AI UNE MISSION À VOUS CONFIER !

L'AVENTURE DÉBUTE EN 1935 À CLERMONT-FERRAND...

... LES LEFEBVRE, BERTONI ET MURALET TRAVAILLENT TOUS DANS LE PLUS GRAND SECRET. ON CONSTRUIT MÊME UNE PISTE D'ESSAI CLANDESTINE. C'EST LÀ QUE LORIDANT FAIT L'ESSAI DES PREMIERS PROTOTYPES...

... EN 1948, LA DEUX CV EST PRÉSENTÉE AU PUBLIC. DÈS SA SORTIE, LA DEMANDE EST SI GRANDE QUE NOUS NOUS PERMETTONS DE TRIER LES ACHETEURS SUR LE VOLET...

CELLE-CI EST À MOI !

À MOI !

J'EN VEUX UNE !

J'EN VEUX DEUX !

VOUS ÊTES NOTRE MEILLEUR VENDEUR ET VOUS AVEZ TOUTE MA CONFIANCE !

... À CETTE ÉPOQUE, SEULS LES PETITS SALARIÉS, AYANT VRAIMENT BESOIN D'UNE VOITURE, PEUVENT OBTENIR UNE DEUX CV...

... EN CINQUANTE ANS, LA 2 CV OBTIENT UN SUCCÈS INCONTESTABLE. ELLE EST DÉSORMAIS, PARTOUT DANS LE MONDE ET MÊME AU SAHARA, UN MONUMENT À LA MÉMOIRE DE PIERRE BOULANGER.

JE DÉTESTE BOULANGER ET JE HAIS LA DEUX CHEVAUX !

... AUJOURD'HUI, CITROËN DÉCICE DE TOURNER LA PAGE ET RELÈVE UN TOUT NOUVEAU DÉFI. APRÈS LA DEUX CV VOICI MAINTENANT LA...

ALORS, QUE TE VOULAIT LE PATRON ?

...

JE DEVAIS PARTIR VENDRE LES DERNIÈRES 2 CV

AVEC TES VALISES?

POUR NE PAS COMPROMETTRE LA MISE EN MARCHÉ DU NOUVEAU PRODUIT, LE PATRON S'ÉTAIT MIS EN TÊTE D'ÉCOULER LA 2 CV À L'ÉTRANGER.

IL DÉTESTAIT TELLEMENT LES 2 CV QU'IL NE VOULAIT PLUS EN VOIR UNE SUR NOS ROUTES.

J'EN AI VENDU PARTOUT. EN AFRIQUE, EN AMÉRIQUE LATINE ET MÊME AU PRÉSIDENT DE TOYOTA. JE VOYAGEAIS AVEC UN AVION-CARGO, PLEIN DE 2 CV

J'AI FAIT PLUSIEURS FOIS LE TOUR DE LA TERRE!

JUSQU'AU JOUR OÙ...

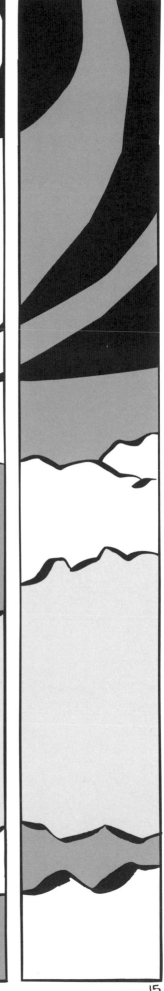

ON NE PEUT PLUS ALLER FAIRE PIPI SANS SE FAIRE PRENDRE SA PLACE MAINTENANT...

HUM !

ALORS PETIT, ÇA DÉGÈLE ?

AH !

OÙ SUIS-JE ? QUI ÊTES-VOUS ?

MOI ! UN VIEUX FOU ! UN FOU QUI ATTEND INDÉFINIMENT UN PEU DE GENTILLESSE HUMAINE... UN SYMBOLE QUI NE FAIT QUE VENDRE DU COCA-COLA !

EN VEUX-TU UN ?

LES HUMAINS SONT TROP CRUELS POUR MÉRITER UN CADEAU DU BONHOMME NOËL ET ILS LE SAVENT. PAS FOUS, ILS FABRIQUENT DE FAUX MAGES, DES SAINT-NICOLAS OU DES PÈRES NOËL DE PACOTILLE. ILS ÉCHANGENT LEURS ÉTRENNES ET, MOI, JE M'ENNUIE SOUS LE SOLEIL DU PÔLE !

MAIS MOI... POURQUOI NE M'AVEZ-VOUS RIEN DONNÉ ?

TOI ?

À HUIT ANS, TU AS CASSÉ UNE DENT À TA SOEUR. À NEUF ANS, TU AS FAIT PIPI DANS LES SOULIERS DE TON PÈRE. À DIX ANS, TU AS COUPÉ LA QUEUE DU CHAT DES VOISINS.

LE CHAT M'AVAIT GRIFFÉ... MAIS COMMENT SAVEZ-VOUS TOUT CELA ?

MES AMIS, JE NE SAURAIS DIRE POURQUOI, MAIS CE RIRE M'A CONVAINCU...

CAFÉ ?

DÉCAFÉINÉ S'IL TE PLAÎT. SINON JE FAIS DES RÊVES TOUTE LA NUIT.

SI TU VEUX MON AVIS, CE N'EST PAS LE CAFÉ QUI TE FAIT RÊVER !

NOUS AVONS LONGUEMENT DISCUTÉ, LE PÈRE NOËL ET MOI, JE REFUSAIS D'ADMETTRE QUE PAS UN SEUL HOMME NE MÉRITAIT SA BONTÉ.

IL M'A FAIT VISITER SA SALLE DE DOCUMENTATION. IL POSSÈDE UN DOSSIER SUR CHACUN DE NOUS. J'AI VOULU LES ÉPLUCHER. JE TENAIS À TROUVER QUELQU'UN. JE VOULAIS QUE CE VIEIL HOMME PUISSE EXISTER À NOS YEUX AILLEURS QUE DANS NOS RÊVES. IL M'A REGARDÉ FAIRE EN SIROTANT UN COCA !

ET PUIS, PAR MIRACLE, TU AS TROUVÉ UN CANDIDAT; MOI, L'INVENTEUR DE LA CRÈME ANTI-BOUTONS, WILFRID BOT !

DEHORS, J'AI CRIÉ ET J'AI PLEURÉ.

MAIS PERSONNE NE M'A AIDÉ...

PAS CETTE DAME.

NI CE MONSIEUR.

PERSONNE...

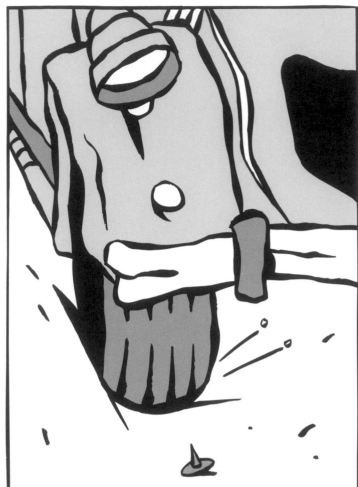

TON PNEU EST PLAT COMME UNE CRÊPE !

LE TEMPS DE LE CHANGER ET NOUS REPARTONS !

MAIS, BON SANG ! IL N'Y A PAS DE ROUE DE SECOURS !

PAS DE ROUE ! IL Y EN A UN QUI VA ENTENDRE PARLER DE MOI !

ALLEZ ! VENEZ ! NOUS MARCHONS !

ON MARCHE !?

DU NERF, PÈRE NOËL ! SI NOUS SOMMES CHANCEUX, NOUS POURRONS TROUVER UN VÉHICULE EN CHEMIN !

31

TING!

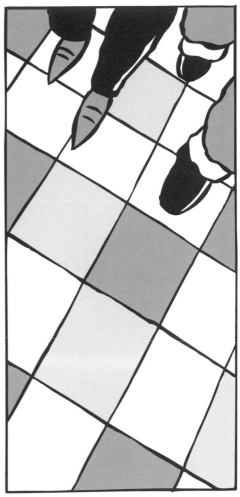

13

13

VOUS SAVEZ, IL N'AURAIT JAMAIS REPRIS CONSCIENCE !

J'AI TANT ESPÉRÉ,

JE VOUS COMPRENDS...

SES ORGANES VIVAIENT, MAIS PAUL ÉTAIT CLINIQUEMENT MORT.

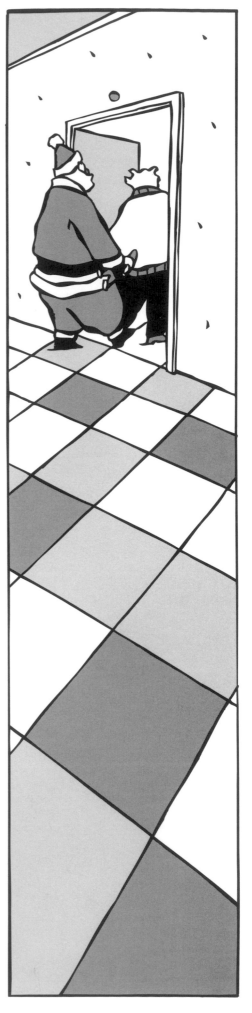

IL FALLAIT UN JOUR OU L'AUTRE LE DÉBRANCHER. CONSIDÉREZ QUE C'EST MIEUX AINSI...

VOUS N'ÊTES QU'UNE CRAPULE, MONSIEUR LE DIRECTEUR!

À CAUSE DE VOUS, PLUS UN SEUL ENFANT NE CROIRA AU PÈRE NOËL!

TIENS DONC!

C'ÉTAIT UNE QUESTION DE VIE OU DE MORT. ET MAINTENANT LE PÈRE NOËL A PERDU DÉFINITIVEMENT TOUT ESPOIR. LE PÈRE NOËL A DÉMISSIONNÉ. LE PÈRE NOËL N'EXISTE PLUS!

ET POURQUOI DONC?

JE LUI AI VENDU UNE BAGNOLE QUI N'AVAIT PAS DE ROUE DE SECOURS. VOILÀ POURQUOI!

38

LE PATRON N'A PAS TARDÉ À APPELER LES GARDES DE SÉCURITÉ ET ILS M'ONT JETÉ À LA RUE...

DEPUIS, JE NE TRAVAILLE PLUS POUR CITROËN !

VEUILLEZ M'EXCUSER !

IL EST TARD, JE DOIS RENTRER.

MAIS OÙ DIABLE VA-T-IL CHERCHER TOUTES SES HISTOIRES ?

LA SEMAINE DERNIÈRE, IL M'A RACONTÉ QU'IL AVAIT ÉPOUSÉ UN CROCODILE...

VOUS CONNAISSEZ SON HISTOIRE AVEC LA REINE DE SIAM ?

SALUT !

ALLEZ !

SALUT !

ÇA VA GARÇON ?

TOUJOURS HEUREUX DE VISSER DES BOULONS CHEZ CITROËN ?

BOF ! ÇA OU AUTRE CHOSE !

TU SAIS, C'EST BIENTÔT NOËL ET JE ME DEMANDAIS QUOI T'OFFRIR ?

JE NE CROIS PAS AVOIR ÉTÉ TRÈS SAGE !

CE N'EST PAS LE PÈRE NOËL QUI TE LE DEMANDE... MAIS UN AMI !

AUTRES BANDES DESSINÉES AUX ÉDITIONS KAMI-CASE

Les Momie's
Philippe Chauveau et Rémy Simard

Gilles et la jungle contre Méchant-Man
Claude Cloutier

Ma Meteor bleue
Caroline Merola

Pauvres riches et autres contradictions
Garnotte

La Maison truquée
Caroline Merola

Achevé d'imprimer en septembre 1994
sur les presses de l'imprimerie Renaissance à Québec